沟通的艺术

[德] 米苏夫人　著
张影　译

青岛出版集团　｜　青岛出版社

Madame Missou ist schlagfertig
© 2017 GABAL Verlag GmbH, Offenbach
Published by GABAL Verlag GmbH
Simplified Chinese Language Translation Copyright © (Year of Publication)
by Qingdao Publishing House Co., Ltd.
Arranged through CA-LINK International LLC. (www.ca-link.cn)

山东省版权局著作权合同登记号　图字：15-2021-236

图书在版编目（CIP）数据

沟通的艺术 / (德) 米苏夫人著；张影译. — 青岛：青岛出版社，2022.1
ISBN 978-7-5552-2797-7

Ⅰ.①沟… Ⅱ.①米…②张… Ⅲ.①人际关系学 Ⅳ.①C912.11

中国版本图书馆CIP数据核字(2021)第189593号

书　　名	沟通的艺术　GOUTONG DE YISHU
著　　者	[德] 米苏夫人
译　　者	张　影
出版发行	青岛出版社
社　　址	青岛市崂山区海尔路182号（266061）
本社网址	http://www.qdpub.com
邮购电话	0532-68068091
策　　划	周鸿媛　王　宁
责任编辑	王　韵
特约编辑	孔晓南
封面设计	毕晓郁
照　　排	青岛乐道视觉创意设计有限公司
印　　刷	青岛双星华信印刷有限公司
出版日期	2022年1月第1版　2022年1月第1次印刷
开　　本	32开（710毫米×1000毫米）
印　　张	4
字　　数	50千
书　　号	ISBN 978-7-5552-2797-7
定　　价	29.80元

编校印装质量、盗版监督服务电话　4006532017　0532-68068050
建议陈列类别：心理自助　励志

前言

争吵往往是这样产生的：一开始交谈的双方只是你一言我一语，不知不觉中，双方越来越激动，情绪逐渐失控，彼此都感觉受到了伤害或指责，于是都对对方表现出了抗拒和挑衅，交谈最终变成了激烈的争论。不得不承认，这种情况有时也会发生在我身上，尽管实际上我很友好，也希望能够避免冲突。为什么有效沟通这么困难呢？究竟怎样才能实现有效沟通呢？

为了找到有效沟通的秘诀，我对与沟通相关的理论进行了深入研究。其实，在多数情况下，激烈的争吵都是由鸡毛蒜皮的小事引起的，不过是误会一场。**因为我们常常口是心非或言不由衷。**

如果你想进行有效沟通，就必须了解沟通对象真正想说的是什么，在表达观点时做到避免让沟通对象产生误解。了解各种关于沟通的理论对此有帮助。我在研究这些理论时，就常常有茅塞顿开的感觉。

抱歉，我还没有做自我介绍：我是米苏夫人。对我来说，端着一杯拿铁和我最好的朋友闲谈，就足以让我感到幸福！

现在，是时候了解沟通的艺术了！ 让我来告诉你怎样才能与难相处的人进行有效的沟通吧！

米苏夫人

目录

争吵的起因、背景及其引发的恶性循环　　1

- 信息的四个维度　　4
- 沟通中的八种心智模式　　26
- 暴力沟通　　68

沟通的艺术——有效沟通的秘诀　　74

- 非暴力沟通　　76
- 非暴力沟通的基本原则　　85
- 真正的倾听　　86

练习题 92

- 练习一：解读信息 94
- 练习二：判断沟通对象的类型 98
- 练习三：避免冲突升级 100

参考答案 102

- 练习一 102
- 练习二 105
- 练习三 107

结语 115

争吵的起因、背景及其引发的恶性循环

在交谈时一次又一次发生争吵往往是因为谈话双方没有真正地理解彼此。诸如"你的工作对你来说似乎并不重要,毕竟你又要迟到了""你还爱我吗?"之类的表达过于情绪化,容易引起歧义,从而催生误解和不快。

为了防止你不慎落入这样的境地,我想先给你讲一些沟通的基础知识。也许你的第一反应是下面我要开始说一些干巴巴的理论了,但是对我而言,我将要介绍的这些知识着实让我受益匪浅。正是通过对这些知识的学习,我才明白,为什么在一些特定的场景下,争吵是无法避免的。

画重点

总而言之,不当的措辞往往是争吵的导火索,含糊不清、情绪化的表达非常容易引发争吵。

信息的四个维度

说起沟通,我的脑海里总是不断地浮现出弗德曼·舒茨·冯·图恩提出的四耳模型理论(又称信息的四维度理论、沟通的四维模型等)。下面,我来归纳一下这个理论的中心思想。

我们说出来的每一句话包含的都不仅仅是单纯的信息。从诸如"你还爱我吗?""你又把脏盘子扔在厨房里了!""米勒女士,我把你写的商务函又修改了一次,现在你可以发给客户了"之类的日常对话中可以发现,人所说的每一句话都透露出他对其沟通对象的了解程度,他和沟通对象之间的关系以及他想要达到的效果等。其实,我们说的每一句话都包含四个维度的内容,分别是事实维度、自我表达维度、诉求维度和关系维度。如果分不清各个维度的主次关系,过分强调某一个维度的内容,就容易造成误解,引发争吵。例如:

"你还爱我吗?"
"这是什么话?你是在质疑我们之间的感情吗?"

"你又把脏盘子扔在厨房里了!"
"那你怎么不把盘子洗干净!"

"米勒女士,我把你写的商务函又修改了一次,现在你可以发给客户了。"
"那下次干脆你来写吧!"

你可能遇到过以下情况：和恋爱对象之间的关系无法更进一步，常常与同事发生争吵……留心与恋爱对象或同事的沟通细节就会发现，不当的措辞或语气常常会造成误解，看似鸡毛蒜皮的小事往往会成为争吵的导火索。因此，我们应该全面理解信息的四个维度的内容，读取信息背后隐藏的真正诉求，并且在与他人沟通的过程中更加清晰明了地表达自己的观点。

重点是：清晰明了地表达自己的观点！

事实维度是信息的第一个维度，也是最简单的一个维度。在后文的练习一中，有这样一个场景：一对夫妇开车出行，坐在副驾驶位上的丈夫对坐在驾驶位上的妻子说："你看，前面是绿灯了！"这时，两人之间很可能即将爆发冲突。这是因为从事实维度上看，丈夫传递的信息不够明确，容易引发冲突。当然，爱情本身就是令人捉摸不透的。

如果被问到"你还爱我吗？"的人，想要尽可能实事求是地回答对方，那么他可能会说："当然，我一见到你就心跳加速，体内的多巴胺就开始分泌。"但是，这句话听起来是不是有点可笑？

所以，在我们的日常交往中，事实维度的作用并不显著。

自我表达维度是信息的第二个维度，它相对复杂一些。我们表达每一个观点时，其实都是在揭露自己的内心世界。因此，如果你不想透露内心的真实想法，不想让别人发现你的弱点，沉默是最好的回应。一个问句能在很大程度上暴露一个人的内心世界。从自我表达维度上看，"你还爱我吗？"这句话实际上表达的是"你忽略了我的感受"或"我需要你给我更多的关爱"。

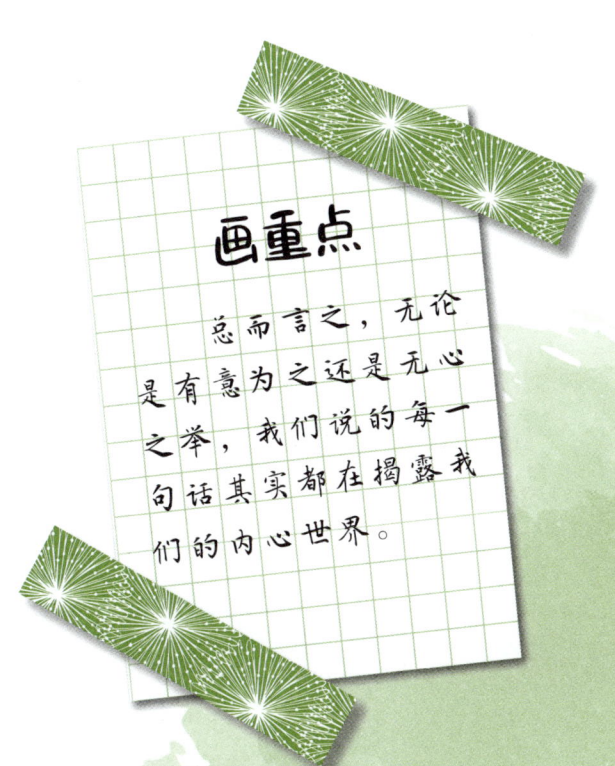

画重点

总而言之,无论是有意为之还是无心之举,我们说的每一句话其实都在揭露我们的内心世界。

诉求维度是信息的第三个维度。我们传递每条信息都是为了达到一定的目的。有时我们会直接表达我们的诉求，比如"宝贝，帮我拿瓶啤酒来"；有时会选择间接的方式来表达，比如"宝贝，啤酒是万能的"。而"你还爱我吗？"这个问句表达的诉求是"向我展示一下你对我的爱吧"。

最后，让我们来看看信息的第四个维度——**关系维度**。我们对他人说的每一句话都能透露出我们和对方的关系。关系维度包含两方面的内容：一是对第二人称"你"和第一人称"我""我们"这两种不同的表达方式的使用，二是信息发送者和信息接收者之间的关系。上文提到的"你还爱我吗？"的问句从关系维度的层面看，透露的信息是："我们是一对情侣，我觉得我们应该把我们之间的爱表达出来。"

对沟通的剖析有利于理解冲突发生的原因，避免冲突的发生。

在了解上文提到的信息的四个维度——事实维度、自我表达维度、诉求维度和关系维度的过程中,你也许会产生这样的疑问:"为什么要用这种方法对沟通进行剖析呢?"下面,我想通过讲解一些浅显易懂的技巧来向你展示,怎样运用这些理论知识来理解发生在日常生活中的争吵,以及未来可以如何避免争吵。

在这之前,我想先对上文提到的四耳模型理论做一些重要的补充说明。

每个**信息发送者**都有自己的**沟通习惯**。有些人在说话时会着重强调事实维度的内容，而有些人则更强调关系维度的内容。有些人早已深谙沟通的技巧，总是能在谈话中占据主动。例如：在谈话过程中，他们总是强调事实维度的内容，而尽量不谈及自己的内心想法，即弱化自我表达维度的内容。

每个**信息接收者**也都有自己的**沟通习惯**。有些信息接收者主要关注诉求维度的内容，并且容易将信息发送者的诉求理解成对自己的一种指责。

画重点

总而言之，在各种沟通情景中，你能遇到形形色色的人，他们各有各的沟通习惯。正是这些形形色色的人和多元化的沟通习惯拓宽了交际心理学的范畴。

沟通其实是信息发送者和信息接收者之间的一场博弈。**借助手势、面部表情和语气，双方能传递出多层次的信息。**

> 例如，当我的丈夫和我闹别扭时，我问他："你怎么了？"如果他嘴上说没事，但是继续保持沉默，那么我就会知道他口是心非。他内心的诉求要么是"你还不多关心关心我，多问我几句"，要么是在暗示"我想静一静"。

有效沟通的技巧

正如我之前承诺过的,下面我会告诉你一些有助于有效沟通的技巧,这些技巧都是我从自身经历中总结出来的。这些技巧能够帮助你了解自己的沟通习惯,理解你的沟通对象。

你还记得自己最近一次与人争吵是在什么时候吗?哪句话是争吵的导火索呢?或者说,你和对方是因为哪句话产生了分歧呢?你们没有察觉出对方的话中哪个维度的内容呢?着重分析一下这些话,写下这些话在事实维度、自我表达维度、关系维度和诉求维度想要表达的内容。

我最近一次与他人争吵的场景

事实维度：
_____
_____

自我表达维度：
_____
_____

关系维度：
_____
_____

诉求维度：
_____
_____

再想一想：你最近一次因为他人的话而情绪失控或反应过激是在什么时候呢？当时你是不是只关注了信息中其余三个维度的内容，却忽略了自我表达维度的内容呢？如果你因为对方的某一句话而感到受伤或者有被挑衅的感觉，你应该注意一下信息中隐藏的自我表达维度的内容。对方可能并没有指责你的意思，而是向你透露了自己的一些重要的感受，比如他现在很敏感脆弱、缺乏安全感，心情很糟糕等。

无论是在日常生活中还是在职场中,如果你想与别人谈论一个比较敏感的话题,那么在对话过程中最好用第一人称"我""我们"来代替第二人称"你"。这样做是为了强调信息的自我表达维度,可以使别人不会轻易地把你的话理解为对他的指责或命令。例如:把"你怎么还没做完你那一部分的工作"的表达改为"这项工作我没法独立完成,我需要你的帮助",把"你怎么不把厨房里的脏盘子洗干净"的表达改为"如果我们能一起做家务,使厨房更干净一些就好了。你觉得以后我们怎么分配家务比较好呢?"。这样的表达看起来是不是好很多?

说话时多使用第一人称
来表达自己的想法!

避免传递模棱两可的信息,否则别人会搞不清楚你的意思。还要注意手势、语气等非语言沟通的内容,因为这些内容也容易造成误解。例如,如果你正在生伴侣的气,当他问你"你没事吧?"时,不要违心地说"没事",正确的做法是向伴侣具体讲明你的诉求:你是想一个人静一静呢,还是因为什么事而感到难过?**明确地传递信息是有效沟通的关键。**

我的建议：

虽然你无法改变别人，但是你可以调整自己的心态，改变自己的沟通习惯。

因此，你只要专注于自己的感受、认知和情绪反馈，仔细识别沟通对象的潜在诉求就够了。

沟通中的八种心智模式

我总是对人与人之间的差异如此之大感到惊叹。有些人特别安静,有些人总是喋喋不休,有些人总是抓着别人的错误不放,有些人则总是想得到别人的肯定。

我曾在书中读到过,童年和青少年时期的经历对沟通模式的形成有很大影响。然而,究竟哪种经历会促使哪种沟通模式的形成,读者还是从西格蒙德·弗洛伊德和其他心理学家的著作中去寻找答案吧,这里我就不赘述了,否则话题就扯得太远了。

在这一部分，我将为你介绍沟通中的八种常见的心智模式。这也是我之前提到过的弗德曼·舒茨·冯·图恩提出来的。要注意的是，不要将某一个人与某一种特定的模式画等号，因为每个人的沟通风格都是**复杂多变的**。

研究沟通中的八种心智模式既能让你在职场中游刃有余，又能让你在日常的人际交往中得心应手。

这是因为：

- 第一，通过了解这八种心智模式，你能更**快地辨别出沟通对象的类型。**

- 第二，辨别出沟通对象的类型后，你就能判断出**应该采用怎样的模式与其交谈。**

但是在这里，我必须强调的一点是：无论怎样做，都不可能完全避免争吵。

我只能根据不同的心智模式的特点为你提供

一些有针对性的建议,这有助于你更好地避免或解决与不同类型的沟通对象之间的冲突。

但是,这个世界上并不存在完美无缺的沟通模式。如果真的存在,那么生活会变得有些索然无味,不是吗?

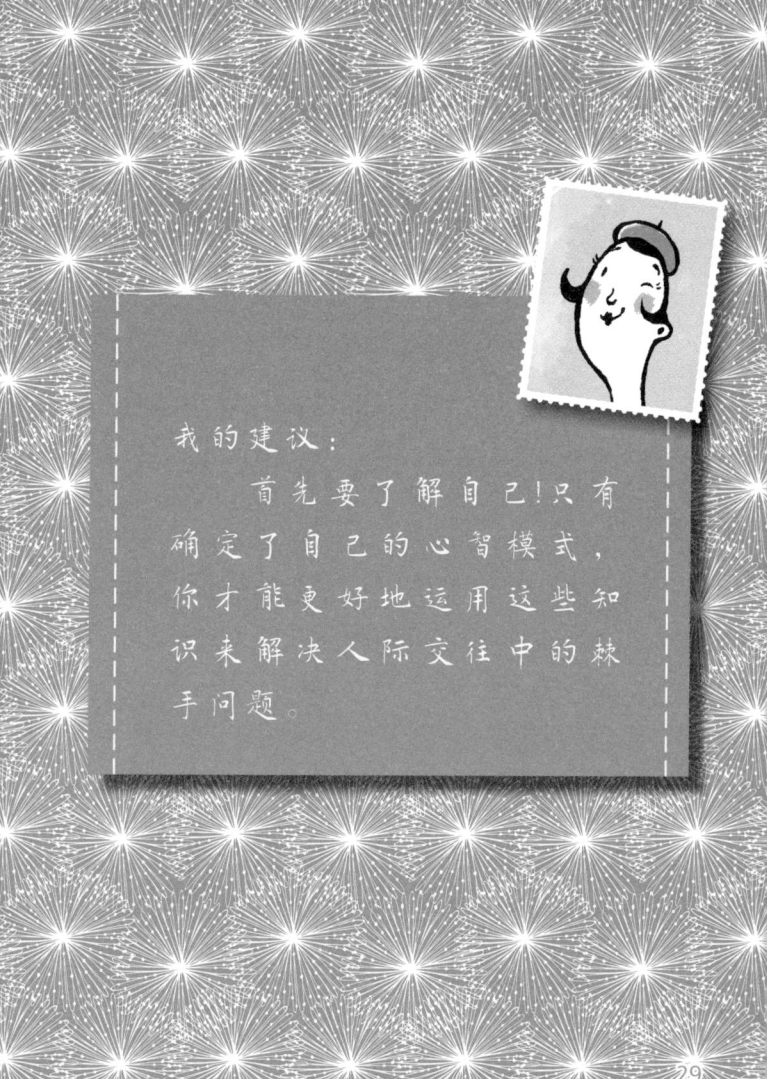

我的建议：

　　首先要了解自己！只有确定了自己的心智模式，你才能更好地运用这些知识来解决人际交往中的棘手问题。

第一种 需求型心智模式

寻求他人的关爱和保护,是人的基本需求之一。然而,这种需求在有些人身上表现得尤为明显,或者说这些人知道怎样通过表达这种需求来达到自己的目的。需求型心智模式的人在与别人谈话时往往会有这样的开场白:"我的天哪,我到底怎么了?我突然不知道应该做什么了!"这句话的潜台词是:"我不行,我需要帮助。"

需求型心智模式的人会频繁地跟你诉说自己是多么需要得到你的帮助和支持。他们会下意识地认为你拥有他们所没有的某种能力,直接或间接地向你发出求救信号,仿佛在说"快来帮帮我"。从自我表达维度来看,他们传递的信息是"我一个人做不到";从关系维度来看,他们传递的信息是"你有能力帮我且应该帮我"。

快来帮帮我!

如果你的沟通对象是需求型心智模式的人，那么你和他之间很容易变成帮助者和被帮助者的关系。这会造成恶性循环：被帮助者习惯了帮助者的援助，变得越来越依赖他，而帮助者会利用被帮助者的需求来控制他。所以，这种模式并不可取。

如果你是需求型心智模式的人，你会下意识地觉得自己有很多事做不到。所以，你应该多多鼓励自己："**勇敢地承担起责任吧，主动一点！**"当你向他人寻求帮助时，可以问得详细一些，然后自己想出解决方案。不要给他人传递诸如"我很无助，我需要你"之类的信号，而应该点明你想得到怎样的帮助。你可以说："我无法决定该选择这两个方案中的哪一个，你能给我一点建议吗？"

如果你确定你的沟通对象是需求型心智模

式的人,甚至总是把你当作救星,那么你应该**激发他的主观能动性**。只有当你的沟通对象更相信自己的能力时,才能自己扫清前进道路上的种种障碍。与其担任救星的角色,帮助他解决生活中的种种困难,倒不如问他一些更实际、更具体的问题,例如:"事情现在进行到什么程度了?""我现在怎样做才能帮到你?"

第二种 助人型心智模式

没错,助人型心智模式的人与需求型心智模式的人是一对完美的搭档。从自我表达维度来看,助人型心智模式的人传递的信息是"我很强,我不需要帮助";从关系维度来看,他们传递的信息是"你需要我的帮助";从诉求维度来看,他们传递的信息是"告诉我怎么做能帮到你"。

这类人最讨厌别人说他们不独立,对他们感到失望。他们喜欢扮演救星的角色,尝试通过扮演这种角色来避免被人说成是无能的和不够独立的。

当助人型心智模式的人和需求型心智模式的人相遇,虽然沟通会变得更高效,但是他们之间会形成一种依附关系,产生恶性循环。需求型的人会希望助人型的人越来越强,不停地帮助自己，而助人型的人会一直不停地付出，竭尽全力地展现出自己的优势和才能。

如果你是助人型心智模式的人，在与他人沟通的过程中，你可以这样做：**坦诚地说出自己的诉求，并尝试问问他人的建议。**

这对你来说或许有困难，因为助人型的人常常无法忍受自己处于弱势地位。其实你可以告诉自己不需要事事都争第一，总是表现得很全能。有时候示弱并不会导致不好的结果。

如果你的沟通对象是助人型心智模式的人，总是想把自己的帮助和想法强加给你，那么你应该**保持独立，尝试独立解决问题**。当你拒绝了他们的帮助后，他们可能会表现得很沮丧。这时，你可以问一问他们的具体感受，或者你怎么做才能帮到他们。

助人型的人可以尝试示弱。

第三种 讨好型心智模式

讨好型心智模式的人做所有事都是为了服务和支持别人。尽管这听起来与助人型心智模式的人有点相似,但是两者之间还是存在显著的差异的。助人型心智模式的人会刻意强调和证明自己的优势,而讨好型心智模式的人则常常贬低自己,从心底里觉得自己微不足道。

总之,讨好型心智模式的人往往喜欢贬低自己,抬高他人。

从自我表达维度来看,讨好型心智模式的人往往觉得自己无足轻重;从关系维度上看,他们

给沟通对象发出的信号是"决定权在你手上";从诉求维度上看,他们想表达的是"告诉我,你想让我成为什么样的人"。

在团体中,讨好型心智模式的人很少发表自己的观点,更倾向于顺着他人的话说,附和别人,总是喜欢说诸如"我也是这么认为的""是的,正如你所说"之类的话。这类人倾向于响应别人的号召,服从别人的安排,随波逐流,与他人和气地相处,总是害怕和回避与他人发生冲突。

如果你是讨好型心智模式的人,总是赞同他人的说法,常常忽略自己内心的真实想法,那么你应该怎么做呢?如果你的沟通对象是这类人,你又应该怎样与这种只会迎合你、始终回避冲突的人相处呢?

如果你说话时常常讨好他人甚至贬低自己，那么你应该学会清楚地表达自己内心的真实想法，尝试表达自己的观点，不要一味地迎合他人，服从他人的安排。你应该学会把自己放在首位。

首先要学会说"不"！

如果你的沟通对象属于这类人,那么你应该多多鼓励他,详细地询问他的想法,让他把自己内心的真实想法表达出来。在团队中,如果有一位同事总是唯唯诺诺,只会一味地迎合他人,你可以直接询问他的想法。例如:

第四种 指责型心智模式

指责型心智模式的人与讨好型心智模式的人恰恰相反。与追求和气的讨好型的人相比，指责型的人总是喜欢摆出一副高高在上的姿态，喜欢吹毛求疵，常常使谈话气氛变得紧张。

这类人的内心独白是："我是权威，没有人可以反驳我。"从关系维度上看，他们其实是在指责别人，把责任推到别人身上；从诉求维度上看，他们是希望别人能够服从他们，按照他们说的去做。此外，这类人总是对他人的观点和做法持怀疑态度，喜欢盯着他人身上的缺点看，总是用尽一切办法占据主动。

这类人看起来真不讨喜，但是俗话说得好："**刀子嘴，豆腐心。**"指责型心智模式的人往往是因为无法忍受自身的某些性格特点，所以才通过加倍指责他人的方式来避免自己受到伤害。

显而易见,他们在沟通中很少会暴露自己内心的想法,总是用第二人称"你"作为一句话的开头。

这种沟通方式无疑会增加争吵的风险。如果你在与他人交谈的过程中总是喜欢指责他人，或者你身边的同事或合作伙伴属于这类人，在沟通时你们之间的气氛肯定容易变得紧张，最终沟通很有可能演变成一场激烈的争吵。

如果你总是喜欢抓住他人身上的缺点不放，常常指责他人和推卸责任，你应该先自我反省一下。

你应该第一时间察觉到自己的问题，然后将自己身上存在的问题坦诚地告诉沟通对象，因为这些问题会使你的沟通对象在与你交谈时感到非常不适。在表达自己的观点时，你可以试着换一种方式，用第一人称来代替第二人称，同时不要忽视你传递的信息中事实维度的内容。如果你能做到这些,就会惊喜地发现,解决冲突原来是一件非常简单的事情。

与指责型心智模式的人打交道时，你需要跟他们进行正面对抗。 你可以比较一下与不同心智模式的人相处时所用的方式：在与讨好型或需求型心智模式的人相处时，你可能要采取比较委婉的方式来解决冲突；而在与指责型心智模式的人相处时，你需要明确地表达自己的观点。

你最好能通过在谈话时多使用第一人称的方式来明确表达自己内心的真实想法，比如，你可以说："你突然这么大声说话，还不停地指责我，让我感觉受到了侮辱。"另外，即使很困难，但是你也要努力了解这类人内心的真实诉求：他们是为了逃避责任才把问题归咎到你身上的吗？还是想通过找到他人的缺点来掩盖自身的不足？总之你要记住，指责型心智模式的人的内心往往很缺乏安全感。

第五种 表现型心智模式

表现型心智模式的人的内心也隐藏着一定的不安全感,但是他们不会贬低别人,而是会反复提醒自己要摆正自己的位置。由于担心被人拒绝、受到伤害,他们会在心里反复对自己说:"我所做的一切都是对的。"总之,他们渴望被认可。

此外,这类人还希望通过他人对自己的认可来衡量自己的受欢迎程度,而且希望自己的受欢迎程度不断增强。有一点很明确:他们表现出的并不是真实的自己。这一点很好理解。如果一个人想通过表现自己来得到他人的认可,就会有意识地只向他人展示自己好的一面,隐藏自己的缺点和所谓的阴暗面,就好像在戴着面具与他人交往一样,而这本身就是一件令人心力交瘁的事情。

如果你在与他人交往的过程中总是在强调自己的才能、业绩和成就，不要忘记一点：你无法单纯地用"好"或"坏"去定义一个人，每个人身上都会有所谓的"好"的和"坏"的特质，正是多种特质的混合才造就了一个人生动和丰满的个性。

也许你的成绩不够理想,但是你拥有惊人的创造力;也许你的内心特别敏感脆弱,但是颇具同理心,很会设身处地地为他人着想。总之,你应该学会适当示弱,例如:当你在工作中感到无计可施或者觉得自己无法胜任某项任务时,应该坦诚地跟领导沟通,而不是不懂装懂,一味逞强。

如果你的一位朋友或同事总是不敢正视自己的错误,将成功和他人的认可放在首位,那么当他偶尔暴露出自己的缺点时,你应该肯定他、鼓励他。当他犯错时,你应该跟他强调,犯错是人之常情,这种小小的失误不但无伤大雅,还让他显得更加真实、可爱。

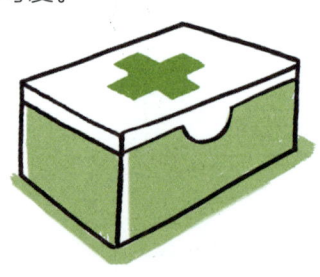

人无完人!

第六种 控制型心智模式

控制型心智模式的人时刻想要掌控一切，始终给人传递出一种自己就是权威的感觉。例如：当看到猫跑到床上时，这类人不会说"我觉得让猫待在床上不太卫生"，而会说"宠物禁止进入卧室"。

如果你有一位同事属于这类人，你会发现，当发言被提问打断时，他不会说"请让我把话说完，然后我再回答你的问题"，而会说"打断别人说话是不礼貌的行为"。

这类人总是想要对别人指手画脚，绝不允许别人侵犯自己的权威。 比如，一位控制型心智模式的母亲教育孩子时会说："出去玩时不要招惹是非！"当然，这位母亲的本意是好的，她只是想尽可能地阻止孩子做出任何会伤害到他自己的危险行为，或是因冒险、冲动而犯错。因此，她才会约束孩子的行为,告诉他什么时候不能做什么事。然而,如果孩子正处于青春期,那么母亲的这种沟通方式就会引发母子冲突。像"出去玩时不要招惹是非!"这种强势而又模糊不清的命令对正处于叛逆期的青少年来说只会适得其反,他们根本不会乖乖听话,只会和母亲大声争吵。

如果你总是希望能掌控一切，那么你应该学着慢慢放下自己的控制欲。

你可以通过简单的对话练习来做到这一点。与他人沟通时，尝试顺着他们的话说，而不要去影响他们的看法、纠正他们的观点或者命令他们。

如果你常常与这类人争吵，那么你应该大胆地说出他们存在的问题，让他们意识到这一点。 面对他们自以为是的言论，要有意识地保持冷静，淡定平和地与他们沟通，避免使用"你应该……"之类的表达方式，否则你的沟通模式就会变得和他们的一样。

我的建议：

如果你是一位母亲，就必须做出妥协。在与正值青春期的孩子沟通时，虽然有时需要采取控制型模式，但是站在孩子的角度来表达对孩子的理解、用共情的方式进行沟通，取得的效果会更好。与其警告孩子出门不要招惹是非，倒不如给他使个眼色，说："祝你晚上玩得开心，但是不要玩过头哟！"

第七种 疏离型心智模式

疏离型心智模式的人与他人交谈时总是把信息的事实维度放在首要位置,而忽视他人传递的信息背后的真正诉求,也不喜欢表达自己的感受。你肯定也遇到过这样的人,他们不会用第一人称来作为一句话的开头,不喜欢表达自己的观点,很少流露出真情实感。

举一个例子。当一个孩子考试成绩不理想,失落地回到家时,疏离型心智模式的父亲会说:"你的名次下降了很多吗?其他同学考了多少分?"其实,孩子此刻需要的只是一个温暖的怀抱和一些鼓励的话语,而不是对客观情况的询问。

这类人在逃避冲突时最喜欢说的一句话是:"如果你总是这么情绪化,那么我们没什么好谈的。"

从自我表达维度上看,他们想表达的是"感受与我们讨论的事情无关";从诉求维度上看,

他们想表达的是"离我远点";从关系维度上看,他们想表达的是"你太情绪化了,你的情绪与我没关系"。

这种沟通模式在男性身上体现得尤为明显,尤其是在职场中。我承认,这听起来有点以偏概全。但是以我的经验来看,这在一定程度上的确是事实。当男同事在交谈过程中反复强调事实维度的内容,并且总是把"女性总是很情绪化"这句话挂在嘴边时,担任更高职位或者职业偏男性化的女性必须知道应该怎样应对。

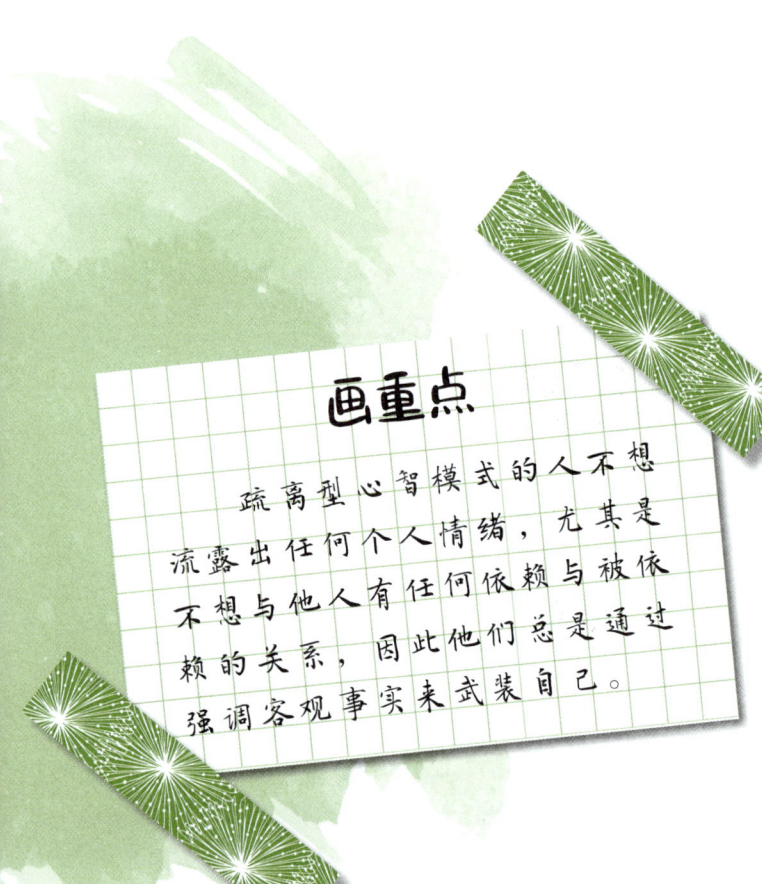

画重点

疏离型心智模式的人不想流露出任何个人情绪,尤其是不想与他人有任何依赖与被依赖的关系,因此他们总是通过强调客观事实来武装自己。

如果经常有人对你说，你在谈话中总是非常疏远和客观，不停强调客观事实，那么你应该试着多使用第一人称，尽量多表达自己的观点。

如果你总是和他人保持距离，从不表露自己的情绪，沟通对象就会觉得你很难相处。因此，你可以使用类似"我认为……"或"我觉得这件事很……"的表达方式，拉近与沟通对象之间的距离。

在职场中，为了增强团队的凝聚力，拉近与同事的关系，你应该有意识地展现自己人性化的一面，比如在对话中多使用第一人称，效果绝对会让你感到惊喜。最好先找你信任的人陪你一起练习，学着表达自己的感受，这样能让你的感情更自然地流露出来。

勇于向他人表达你的内心感受！

如果你的沟通对象是疏离型心智模式的人，不愿意表露内心的想法和情感，那么你可以在沟通的过程中有意识地引导他表达自己的感受。 比如在工作中，当他指责你太过情绪化时，你可以反驳他："这个项目对公司来说特别重要，因此我也很重视这个项目，有情绪波动很正常。你不这么觉得吗？"

在日常生活中，如果你的伴侣属于这类人，那么你必须向他敞开心扉，多表达自己的感受。可以用简短的话告诉伴侣你的感受和情绪，然后询问他的看法。比如，在面对本书第56页的例子中的情况时，作为孩子母亲的你可以这样对你的丈夫说："我很担心托马斯，他因为考砸了而非常沮丧。我觉得他此时非常需要你的鼓励，你觉得呢？"

我的建议：

　　注意不要让自己情绪失控。有时，在面对疏离型心智模式的人时，你会变得很情绪化，但情绪化并不能解决问题，只会让你跟着对方的节奏走。你应该尝试理智平和地阻止他们继续表达事实维度的内容，引导他们敞开心扉。当然，不要忽略客观事实的存在。

第八种 夸张型心智模式

与表现型心智模式的人相似,夸张型心智模式的人也希望尽可能多地向他人展示自己。区别在于,在展示自己时,这类人不像表现型心智模式的人那样用事实说话,而是喜欢夸张地描述自己的经历,并且会通过丰富的肢体语言将其表现出来。

从自我表达维度上看,他们想表达的是"这就是我";从关系维度上看,他们想表达的是"很高兴你成为我的观众";从诉求维度上看,他们想表达的是"快来肯定我的表现"。

此外,他们总是会通过将沟通对象说的话与自己的经历联系在一起的方式来引导谈话的走向,把每一次谈话的话题引到自己身上。这样一来,谈话很快就变成了他们的独白。

我常常问自己:为什么有些人天生爱炫耀,

喜欢自吹自擂呢？我正在读的一本书上提出的关于夸张型心智模式的观点让我感到惊讶。书上说，夸张型心智模式的人是因为认为没有人关心自己内心的真实感受，所以才通过一些夸张的行为来吸引他人的注意，以此来掩盖内心的真实感受。这真是一件令人感到遗憾的事情，不是吗？

与其演戏，不如尝试表达自己的真实感受！

如果你在与他人交谈时总是以自我为中心，喜欢谈论自己、炫耀自己的能力，那么你不妨试着停下来，听听你的沟通对象怎么说。

在回答他人的问题之前，你可以先用心地倾听，然后思考片刻，再说出自己的想法，以免总是自说自话。尝试对他人的观点表现出兴趣，在与他人交谈时多提问，不要一开始就夸夸其谈，总是谈论自己如何如何。

如果你的沟通对象喜欢炫耀自己,在与你交谈的过程中总是不停地自说自话,那么你们之间的沟通会很困难,因为你常常很难让他停下来。

在这种情况下,你应该尽可能干脆利落地打断他,明确地告诉他:"我很想听听你的想法,但是请先听我说完我的情况。"当他又把话题引到自己身上时,你可以找个合适的时机打断他,用商量的语气问他:"你先听完我的看法再说,如何?"

不幸的是,与这类人沟通往往很困难,因为你很难插上话。但是你还是应该尝试去打断他,因为你自己肯定也有一些令人兴奋的重要的事情要与他分享。

暴力沟通

在研究沟通技巧的过程中,我发现还有一种情况可能会引发误解和争吵,那就是暴力沟通。这是心理学家马歇尔·卢森堡博士在提出非暴力沟通理论时提到的,这个理论后面我会详细介绍。暴力沟通在日常生活中非常常见,乃至于我们对它已经有些习以为常。这种沟通方式非常容易引起冲突,而不是促进相互理解。

你很有可能在不知不觉中也采用过暴力沟通的方式，这种沟通方式常常有以下四个特征：

第一，对沟通对象做出直接（比如"你太自私了"）或间接（比如"我觉得你完全忽视了我的感受"）的**评判**。

第二，喜欢**做比较**，并含蓄地批评沟通对象。例如："你就不像我，我总是试着换位思考，而你却不会。"

第三，喜欢**逃避**自己的**责任**。例如："要不是你这么固执，我根本不需要像现在这样大声说话。""是我的老板让我这样做的。"

第四，总是**命令**沟通对象，而不是对他们提出请求。例如："你必须认识到……"

这种沟通方式和措辞会让沟通对象出现抵触情绪，让他们觉得自己受到了挑衅、责备或侮辱。

通过了解信息的四个维度和暴力沟通的特征,我们可以发现,如果我们总是太过于关注自己,忽视沟通对象内心的真实诉求,就容易导致激烈的争吵。

画重点

我们通过暴力沟通的方式将负面情绪发泄在沟通对象身上,而他们在未来的沟通中又会将这种负面情绪传递给其他人。

采用暴力沟通的方式会使沟通对象很难接收和理解我们真正想传递的信息,因为这些信息往往隐藏在直接或间接的指责、道德评判以及各种命令背后。

虽然我们早已习惯暴力沟通,但是还是要学会摆脱它。从现在开始把暴力沟通变为非暴力沟通,让沟通变得更加简单和顺畅吧!

需要记住的一点是:**如果缺少同理心和对他人的尊重,我们就无法得到令人满意的沟通效果。**

沟通的艺术——有效沟通的秘诀

现在,我们已经了解了很多与沟通相关的理论知识。或许现在的你在沟通中已经能够更轻松地解读对方传递的信息,更准确地识别自己和对方的感受,更迅速地将争吵扼杀在萌芽状态了。

为了避免在未来的沟通过程中与他人发生冲突,现在是将理论知识付诸实践的时候了。相比于无尽的争吵,我相信所有人都更愿意以一种轻松的方式与他人和睦相处。

非暴力沟通

根据马歇尔·卢森堡博士的观点,非暴力沟通理论的核心观点是我们在沟通中应该专注于彼此的观察、感受、需要和请求,用一种不指责、不批评的方式来沟通。这一理论被广泛地应用于亲密关系、心理疗法、外交和商业谈判等各个领域,在世界范围内取得了积极的反响。非暴力沟通建立在共情和尊重他人的基础上,这一点与暴力沟通正好相反。

马歇尔·卢森堡博士认为，每个人都有想要被满足的需求，比如得到认同、保护，只不过需求和需求之间可能会产生冲突。重要的是：**我们不能去评判沟通对象的需求是正面的还是负面的**，因为这些需求对对方来说可能是生存必不可少的组成部分。

在马歇尔·卢森堡博士看来，人们有攻击性行为或愤怒情绪是因为需求没有得到满足。如果我们能够采用非暴力沟通法，在与他人沟通时学会清楚地表达自己的需求，了解并尊重他人的需求，并且对自己的行为负责，就能更轻松地与他人建立令人满意的关系。

下面，让我们来更深入地研究一下这个理论吧！

非暴力沟通的四个要素:

1. 观察

2. 感受

3. 需要

4. 请求

画重点

非暴力沟通着眼于两方面：一是表达，二是倾听。

下面我们借助上文中提到过的厨房里堆满脏盘子的例子,来看看如何用非暴力沟通法表达意见。

"当看到厨房里的脏盘子时,我感到不太舒服,因为我喜欢干净。你愿意把盘子洗干净吗?"

在非暴力沟通的四个要素中，第一个要素是观察。非暴力沟通强调区分观察与评判的重要性，提倡不带感情色彩地描述观察到的现象。如果你说出"你太懒了，从来都不洗碗"之类的话，沟通对象肯定会用拒绝和辩驳来回应你。

第二个和第三个要素分别是感受和需要。你需要多使用第一人称来表达自己的感受和需要。

最后一个要素也很重要，要注意千万不要把请求和命令混为一谈。命令是摆出高人一等的派头支使别人，这种强硬的姿态容易激起对方的反抗和过激情绪。而提出请求等于将决定权交给对方，这样能使双方在平等的基础上进行沟通。

如果你的沟通对象惯于运用暴力沟通法,那么你可以运用非暴力沟通法来缓和紧张的气氛,避免争吵的爆发。在上一个例子中,即使沟通对象已经表达了对你的批判,对你说"你太懒了,连盘子都不洗,我已经受够了",你也可以运用非暴力沟通法来避免矛盾升级。你可以这样说:

"当你看到厨房里的脏盘子时,是不是感觉不舒服,因为你喜欢干净?所以你想请我把盘子洗干净是吗?"

平等地进行沟通!

非暴力沟通的基本原则

 严格区分观察和评判这两个概念。

 关注愤怒背后的真实感受,体会和表达感受及需要。

 关注沟通对象的情绪,试着了解他内心的感受和需要。

 用请求代替命令,并且积极地提出自己的请求。

 多使用第一人称来表达自己的观点,对自己的感受和行为负责。

真正的倾听

美国心理学家卡尔·罗杰斯提出的"真正的倾听"是对非暴力沟通绝佳的补充说明。他认为:我们应该尊重他人的需求,最重要的是要理解这些需求的真正含义。因此,如果你发现自己正处于一场不太愉快的谈话中,又想避免产生矛盾和争吵的话,需要注意以下几条基本准则:

- 关注沟通对象内心的真实想法,在通过肢体语言表达自己的观点时,要避免让对方觉得你在抗拒他或怀疑他。
- 在真正理解沟通对象想要表达的观点之前,不要急着表达自己的观点。
- 如果你对沟通对象表达的观点有不理解的地方,要及时提出来。
- 注意沟通对象说话时的停顿,因为这表示他有点担忧或不知所措。

- 关注自己的情绪变化，看看哪些谈话内容会引起情绪变化。
- 针对沟通对象表达的观点给出积极的反馈。如果你理解他的观点，可以点头示意，或者使用其他肢体语言来表示自己赞同和接受他的观点。
- 不要打断沟通对象的话，与沟通对象始终保持眼神交流。
- 不要因为沟通对象对你的批评和指责而情绪失控。
- 提升自己的共情能力，设身处地地站在沟通对象的角度看待问题。

倾听是一门大学问!

我的建议:

为了表现出你在用心地倾听对方的观点,你应该保持安静,把全部的注意力放在对方身上,跟对方保持眼神交流。

在如今这个浮躁、快节奏的社会,很多事情都是说起来容易做起来难。之前在研究"如何让生活有条不紊"这个问题时,我发现倾听对此很有帮助。也许这种方法对你也有效。

练习题

这本"迷你版有效沟通指南"或许无法让你成为一名优秀的心理学家,但是一定能帮助你成为一名理想的沟通对象。在掌握了信息的四个维度、沟通中的八种心智模式、暴力沟通与非暴力沟通以及什么是真正的倾听的基本知识后,我为你准备了一些练习。

在做练习题的过程中,你一定会为自己已经掌握了如此多的沟通技巧而惊叹。让我们开始吧!

我的建议:

　　首先,你应该尝试自己想出答案,这样才能达到最佳的练习效果,也能为你带来更多的乐趣。

　　然后,你可以在练习题后面找到参考答案,将你的答案与参考答案进行比较。

练习一：解读信息

一对夫妇驾车出行，去参加男方父亲的生日派对。途中，在等红灯时，坐在副驾驶位上的男士对坐在驾驶位上的妻子说道："你看，前面是绿灯了！"他的妻子回答道："是你在开车还是我在开车？"

让我们来解读一下这位男士说的话，分析一下其中包含的四个维度的内容分别是什么。

事实维度：

自我表达维度：

关系维度：

诉求维度：

再来看看这位男士的妻子说的话,分析一下其中包含的四个维度的内容分别是什么。

事实维度:

自我表达维度:

关系维度:

诉求维度:

作为信息的接收者,这位男士的妻子最为关注哪个维度的内容呢?她的回答更侧重于哪个维度呢?

这位男士应该怎么说才不会惹怒他的妻子呢?他应该强调哪一个维度的内容呢?

练习二：判断沟通对象的类型

假设你的一位同事平时总是不停地向你求助，常常跑到你的工位上对你说：

"你有时间吗？我这儿又遇到麻烦了。根特生病了，现在我的电脑也罢工了。你上次给我的建议非常有用，但是现在我又不知道该怎么办了！"

你能判断出这位同事在沟通中是哪一种心智模式的人吗?

_____
_____

如果你每次都帮助他,会留下什么隐患呢?

_____
_____
_____

你该怎么做才能阻止上面这种情况发生呢?

_____
_____
_____

练习三：避免冲突升级

我的闺密莫妮卡最近和她的丈夫吵得不可开交。谈话最初并没有什么火药味，她的丈夫大致是这样说的：

"宝贝，你又没有把我的车停到车库里去。下雪天我都会特意把车停到室内，这并不是一件很难的事吧？你要知道，车停在雪地里好几天是会出故障的，因此你应该把车停到车库里去。"

暴力沟通有哪些特征呢？

_____
_____
_____
_____
_____

面对暴力沟通，你要怎样做才能避免冲突升级呢？

_____
_____
_____
_____
_____

参考答案

练习一

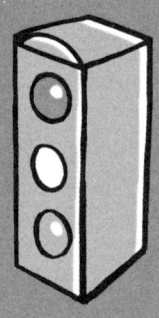

"你看,前面是绿灯了!"这句话包含的四个维度的内容分别是:

事实维度:现在是绿灯。

自我表达维度:我们得赶快开过去了。

关系维度:你开车时需要我的指导。

诉求维度:快开啊!

紧接着,他的妻子回答道:是你在开车还是我在开车?这句话包含的四个维度的内容分别是:

事实维度：是我在开车。

自我表达维度：我不需要你的指导。

关系维度：你真是一个自以为无所不知的人。

诉求维度：不要在我开车时发表意见！

显而易见，他的妻子最在意这句话中**关系维度**的内容，她感觉丈夫在指责她，所以她表现得很生气，她的回答也更侧重于关系维度。这会导致发生争吵的风险增加。

为了不让妻子生气，这位男士应该更强调**自我表达维度**的内容。例如，他可以这样说："如果我们太晚到达我父亲的生日派对，我会有些尴尬和为难。你能稍微开快一点儿吗？这样或许我们还能够准时到达。"

这样的表达方式用第一人称"我"和"我们"代替了第二人称"你",减少了责怪的意味,强调了沟通双方需要一起达到的目标,会让沟通对象更容易接受。

练习二

一直寻求他人帮助的同事是**需求型心智模式的人**。与自己承担责任相比,他更倾向于寻求他人的帮助。

乐于助人本身的确是一种美德,但是如果你每次都帮助这位同事,就会留下一个隐患:你必须长期扮演救星的角色,因为你的同事已经习惯了接受你的帮助,一遇到困难就会找你,而不是自己想办法解决问题。

为了阻止上面这种情况发生,你应该**激发同事的主观能动性,让他相信自己的能力**。例如,你可以问他一些比较具体的有针对性的问题:你怎么看待这个问题?你尝试修过电脑了吗,还是你还没来得及试一试?或许你可以跟老板聊聊这件事?

练习三

现在我们来看看莫妮卡和她丈夫的这个案例。在这个案例中,你能看到暴力沟通的几个典型特征。

• **指责沟通对象:**"你又没有把我的车停到车库里去。"

• **喜欢拿对方和自己做比较:**"下雪天我都会特意把车停到室内。"

• **命令对方而不是对对方提出请求:**"你要知道,车停在雪地里好几天是会出故障的,因此你应该把车停到车库里去。"

毫无疑问,冲突在所难免。

如果你在这种情况下还想避免冲突升级，就需要运用非暴力沟通法来沟通：

- **观察**：沟通对象非常生气，因为车没有停到车库里。
- **感受**：也许他今天只是心情不好？也许他只是太爱惜他的车了？重要的是，了解其过激反应背后的真实感受。
- **需要**：谁都不想因为区区一辆车而被指责，这只会给你带来坏心情，你会感觉受到了侮辱。
- **请求**：在未来的沟通过程中，双方应该更客观中立地表达自己的诉求。

你可以这样说："你看起来很不高兴，是因为今天上班太累了吗？你知道吗，我总是对下班后我们相聚的时光充满了期待，如果你一直这样跟我说话，我会很难过。要是你能温柔地跟我说话，我会很高兴的。你愿意这么做吗？"

可惜,莫妮卡当时并不知道这些沟通技巧,所以他们之间的矛盾升级了。幸好双方后来还是达成了和解,这绝对是爱情的力量。

在这里,还有一个小问题值得深思:

> 为什么非暴力沟通法无法阻止一切争吵呢?
> 你能看到争吵积极的一面吗?

完全没有争吵也是不行的。

最重要的几点沟通技巧

 表达自己的观点时,多使用第一人称,少使用第二人称。

 当沟通对象指责你时,要关注他传递的信息中自我表达维度的内容,了解他的真正用意。

 求同存异,接受和尊重他人的沟通方式。

 避免对他人进行道德评判,避免做比较,避免用命令的态度和语气说话,并且为自己的行为负责。

 关注自己和他人的感受及需要。

正确区分观察和评判这两个概念,用请求代替命令。

 做到真正的倾听:别人发言时认真倾听,不要打断别人的话,等别人说完再提问。

结语

真正的强大来自内心的平静与从容。 当然,有时你需要释放压力,发泄情绪,向他人明确表达自己的观点,这并没有什么问题。但是如果你在与他人沟通时能多一些理解和耐心,往往能收获意想不到的效果。

无论是在职场还是家庭生活中,如果你在与他人的交谈中总是敷衍了事,反应太过情绪化,常常对他人评头论足,急于将他人的观点理解成对自己的指责和攻击,总是将自己的沮丧和挫败感发泄到身边最亲近的人身上……那么你的职业发展和家庭关系都会受到负面的影响。只要你能有意识地锻炼自己解读信息的能力,了解八种心智模式的特点,用非暴力沟通来代替暴力沟通,做到真正的倾听,你在与他人沟通的过程中就会越来越如鱼得水。

本书到这里就要和大家说再见了。我希望你能从这本《沟通的艺术》中发现适合自己的实用又有趣的沟通技巧。希望你能将一些沟通技巧运用到日常交往中去,并且逐步建立积极沟通的态度。

请始终记住一点:即便争吵难以避免,也要用积极的态度去沟通。后会有期!

米苏夫人